Trainingsplanung für Beweglichkeits- und Koordinationstraining. Ziel der Verspannungslinderung, Verbesserung der Beweglichkeit sowie Koordination

Joline Tismar

Bibliografische Information der Deutschen Nationalbibliothek:

Die Deutsche Nationalbibliothek verzeichnet diese Publikation in der Deutschen Nationalbibliografie; detaillierte bibliografische Daten sind im Internet über http://dnb.d-nb.de abrufbar.

ISBN: 9783346366054
Dieses Buch ist auch als E-Book erhältlich.

Deutsche Hochschule für

Prävention und Gesundheitsmanagement

Hermann Neuberger Sportschule 3

66123 Saarbrücken

Einsendeaufgabe

Fachmodul:	Trainingslehre 3
Studiengang:	Fitnessökonomie
Datum Präsenzphase:	02.12.2019 – 04.12.2019
Name, Vorname:	Tismar, Joline
Studienort:	**Köln**
Semester:	**WS 2017**

Inhaltsverzeichnis

1   TEILAUFGABE 1 – PERSONENDATEN 3

2   TEILAUFGABE 2 – BEWEGLICHKEITSTESTUNG 4

3   TEILAUFGABE 3 – TRAININGSPLANUNG
BEWEGLICHKEITSTRAINING 6

3.1   Darstellung des Trainingsplans 7

3.2   Begründung des Trainingsplans 10

4   TEILAUFGABE 4 - TRAININGSPLANUNG
KOORDINATIONSTRAINING 11

4.1   Darstellung des Koordinationstrainingsplans 12

4.2   Begründung des Koordinationstrainingsplans 15

5   TEILAUFGABE 5 – LITERATURRECHERCHE 16

5.1   Effekte des Dehnens im Hinblick auf eine Verbesserung der sportlichen Leistungsfähigkeit –
Studie 1 16

5.2   Effekte des Dehnens im Hinblick auf eine Verbesserung der sportlichen Leistungsfähigkeit –
Studie 2 17

6   LITERATURVERZEICHNIS 18

7   TABELLENVERZEICHNIS 20

1 Teilaufgabe 1 – Personendaten

Tabelle 1: Allgemeine und biometrische Daten der Person (eigene Darstellung)

Alter	21 Jahre
Geschlecht	weiblich
Körpergröße	174 cm
Körpergewicht	70 kg
Trainingsmotive	- Erhaltung und Verbesserung der Beweglichkeit - Linderung gelegentlicher Verspannungen im Schulter- & Nackenbereich - Verbesserung der Koordination im Hinblick auf aktuelle sportliche Aktivitäten
Berufliche Tätigkeit	Industriekauffrau, sitzende Tätigkeit
Frühere sportliche Aktivitäten	Volleyball 2 mal wöchentlich 90 Minuten, 3 mal wöchentlich Krafttraining an Geräten 60-90 Minuten, ohne Plan
Aktuelle sportliche Aktivitäten	Volleyball 3-4 mal wöchentlich 120 Minuten, 2 mal wöchentlich Krafttraining an Geräten 60-90 Minuten, mit Plan
Zeitlicher Verfügungsrahmen	4 mal wöchentlich 45-90 Minuten
Allgemeiner Gesundheitszustand	Keine orthopädischen oder internistischen Probleme, nicht in ärztlicher Behandlung, keine Einnahme von Medikamenten
Sonstige gesundheitliche Einschränkungen	Verspannungen im Schulter- & Nackenbereich

Die in Tabelle 1 dargestellten Personendaten zeigen, dass bei der Testperson keine der Kontraindikationen für ein Beweglichkeits- oder Koordinationstraining zutreffen, die Person weist weder orthopädische noch internistische Probleme auf. Die Testperson ist trotz der vorliegenden Verspannungen im Schulter- & Nackenbereich belastbar. Hier bietet es sich an in der folgenden Trainingsplanung auf diese Verspannungen Rücksicht zu nehmen und die Muskulatur in diesen Bereichen gezielt anzusteuern.

2 Teilaufgabe 2 – Beweglichkeitstestung

Zur Feststellung des aktuellen Beweglichkeitsstandes und der späteren Erstellung eines individuellen Trainingsplans wird mit der Testperson ein manueller Beweglichkeitstest durchgeführt. Für die Durchführung wird ein vereinfachtes Testverfahren der Muskelfunktionsüberprüfung nach Janda (2000) genutzt, dabei werden fünf verschiedene Muskelgruppen (Brustmuskulatur, Hüftbeugemuskulatur, Kniestreckmuskulatur, Kniebeugemuskulatur und Wadenmuskulatur) getestet. Die Durchführung der Übungen inkl. der Richtwerte zur Beurteilung, sowie die Testergebnisse der in Tabelle 1 dargestellten Person werden im Folgenden tabellarisch dargestellt.

Tabelle 2: manuelle Beweglichkeitstestung (modifiziert nach Janda, 2000, S.207f.) & Testergebnisse

Getestete Muskulatur	Übungsdurchführung	Richtwerte zur Beurteilung	Testergebnis
Brustmuskulatur (M. pectoralis major)	Ausgangsposition der Testperson ist auf dem Rücken liegend auf einer Liege, dabei sind die Beine aufgestellt. Der Arm der zu testenden Seite wird von der Testperson im Schultergelenk abduziert und außenrotiert, dabei weißt das Ellenbogengelenk einen 90° Beugewinkel auf. Die zu testende Schulter ragt hierbei über die Liegefläche hinaus, sodass der Oberkörper an der Kante der Liegefläche liegt. Bei dieser Testung wird die Position des Oberarms zur Horizontalen gemessen. Wichtig dabei zu beachten ist, dass das Testergebnis durch Abheben des Beckens oder eine Hyperlordose in der LWS verfälscht werden kann. Um dieses zu vermeiden sind die Füße angestellt, zusätzlich sollte die Bauchmuskulatur angespannt sein.	**Stufe 0**: kein Beweglichkeitsdefizit; der Oberarm der Testperson erreicht die Horizontale; durch leichten Druck des Testers kann der Arm eine Position unterhalb der Horizontalen erreichen. **Stufe 1**: leichtes Beweglichkeitsdefizit; Der Oberarm erreicht die Horizontale nicht, kann durch leichten Druck des Testers aber bis zur Horizontalen bewegt werden. **Stufe 2**: deutliches Bewegungsdefizit; Der Oberarm erreicht auch durch leichten Druck des Testers keine horizontale Position.	Rechts: Stufe 1 Links: Stufe 1
Hüftbeugemuskulatur (M. iliopsoas)	Ausgangsposition der Testperson für diese Testung ist auf dem Rücken liegend auf einer	**Stufe 0**: kein Beweglichkeitsdefizit; Der Oberschenkel erreicht eine Horizontale und kann durch	Rechts: Stufe 0 Links: Stufe 0

Getestete Muskulatur	Übungsdurchführung	Richtwerte zur Beurteilung	Testergebnis
	Behandlungsliege, dabei befindet sich das Gesäß am Rand der Liege und die Beine hängen in der Luft. Für die Testung wird ein Bein von der Testperson maximal weit zum Körper herangezogen (bei Schwierigkeiten unterstützt der Tester), das andere Bein bleibt im Überhang. Gemessen wird nun die Position des herabhängenden Oberschenkels im Verhältnis zur Körperachse. Bei dieser Testung muss darauf geachtet werden, dass sich LWS und Becken auf der Liegefläche befinden, da sonst das Testergebnis verfälscht wird.	leichten Druck des Testers in eine Position unterhalb der Horizontalen bewegt werden. **Stufe 1**: leichtes Beweglichkeitsdefizit; leichte Hüftbeugestellung; Durch leichten Druck des Testers kann der Oberschenkel in die Horizontale gebracht werden. **Stufe 2**: deutliches Beweglichkeitsdefizit; Der Oberschenkel erreicht auch mit Hilfe des Drucks durch den Tester keine horizontale Position.	
Kniestreckmuskulatur (M. rectus femoris)	Ausgangsposition der Testperson für diese Testung ist auf dem Rücken liegend auf einer Behandlungsliege, dabei befindet sich das Gesäß am Rand der Liege und die Beine hängen in der Luft. Für die Testung wird ein Bein von der Testperson maximal weit zum Oberkörper herangezogen, das andere Bein wird durch die Testperson im maximal möglichen Hüftextensionswinkel gehalten. Für die Testung wird anschließend das Knie des hängenden Beins so weit wie möglich gebeugt. Gemessen wird anschließend der Kniebeugewinkel (Winkel zwischen Ober- und Unterschenkel). Auch hierbei ist es wichtig, dass sowohl das Becken als auch die LWS auf der Liegefläche aufliegen.	**Stufe 0**: kein Beweglichkeitsdefizit; Der Unterschenkel hängt senkrecht herab und der Kniebeugung kann durch leichten Druck des Testers erhöht werden. **Stufe 1**: leichtes Beweglichkeitsdefizit; Der Unterschenkel ist leicht nach vorne gestreckt, durch leichten Druck des Testers kann aber ein 90°-Winkel in der Beuge des Kniegelenks erreicht werden. **Stufe 2**: deutliches Beweglichkeitsdefizit; Der Unterschenkel ist deutlich nach vorne gestreckt und kann auch durch Druck des Testers nicht in einen 90°-Winkel gebracht werden.	Rechts: Stufe 0 Links: Stufe 0
Kniebeugemuskulatur (Mm. ischiocrurales)	Die Ausgangsposition der Testperson ist auf dem Rücken liegend auf einer Behandlungsliege, dabei wird der Fuß der nicht zu testenden Seite durch Beugen des Hüft- und Kniegelenks aufgestellt. Das Bein der getesteten Seite wird durch den Tester in die maximal mögliche Hüftflexion gebracht, dabei ist das Kniegelenk durchgängig gestreckt. Gemessen wird anschließend der Winkel zwischen Beinachse und	**Stufe 0**: kein Beweglichkeitsdefizit; Flexion von 90° im Hüftgelenk möglich **Stufe 1**: leichtes Beweglichkeitsdefizit; Flexion im Hüftgelenk bis zwischen 80°-90° möglich **Stufe 2**: deutliches Beweglichkeitsdefizit; Es ist nur eine Flexion im Hüftgelenk im Ausmaß von unter 80° möglich	Rechts: Stufe 1 Links: Stufe 1

Getestete Muskulatur	Übungsdurchführung	Richtwerte zur Beurteilung	Testergebnis
	Longitudinalachse.		
Wadenmuskulatur (Mm. triceps surae)	Die Testperson befindet sich in der Ausgangsposition in Rückenlage auf einer Behandlungsliege, dabei ist der Fuß der nicht zu testenden Seite vollständig aufgestellt, sodass das Bein gebeugt ist. Der Unterschenkel des zu testenden Beins ragt über die Behandlungsliege hinaus, das Bein ist dabei gestreckt. Der Fuß wird nun vom Tester mit der einen Hand am Fersenbein, mit der anderen Hand an der Außenseite des Fußes gefasst. Dabei wird durch den Tester an der Ferse ein Zug vom Körper weg ausgeübt, gleichzeitig wird der Vorderfuß zum Schienbein gedrückt. Wenn anschließend zusätzlich zum M. gastrocnemius der M. soleus isoliert getestet werden soll wird das zu testende Bein im Kniegelenk gebeugt und der Tester versucht die Dorsalextension zu erhöhen.	**Stufe 0**: kein Beweglichkeitsdefizit; Eine Dorsalextension ist mindestens bis zu einer 0-Stellung möglich, d.h. 90° zwischen Fuß und Unterschenkel. **Stufe 1**: leichtes Beweglichkeitsdefizit; Eine Dorsalextension ist möglich, die 0-Stellung wird allerdings nicht erreicht. **Stufe 2**: deutliches Beweglichkeitsdefizit; Es wird nur eine Dorsalextension bis 10° unter der 0-Stellung erreicht.	Rechts: Stufe 0 Links: Stufe 0

Die in Tabelle 2 dargestellten Ergebnisse des Beweglichkeitstests zeigen, dass die Testperson in der Hüftbeugemuskulatur (M. iliopsoas), der Kniestreckmuskulatur (M. rectus femoris) und der Wadenmuskulatur(Mm. triceps surae) sowohl auf der rechten als auch auf der linken Seite kein Beweglichkeitsdefizit aufweist. Das Ergebnis der Brustmuskulatur (M. pectoralis major) und der Kniebeugemuskulatur (Mm. ischicrurales) allerdings lag auf beiden Seiten bei Stufe 1, sodass sich dort sowohl auf der rechten als auch auf der linken Seite leichte Beweglichkeitsdefizite feststellen ließen.

3 Teilaufgabe 3 – Trainingsplanung Beweglichkeitstraining

Für die in Aufgabe 1 beschriebene Person X wurde ein Trainingsplan für das Beweglichkeitstraining im Sinne eines Dehntrainings erstellt. Das Dehntraining besteht aus 10 Übungen, die alle wichtigen Muskel-Gelenk-Systeme berücksichtigen. Das Training soll 4 Mal wöchentlich absolviert werden.

3.1 Darstellung des Trainingsplans

Tabelle 3: Beweglichkeitstraining Trainingsplanung (eigene Darstellung)

Dehnübung, Zielmuskulatur & Durchführung	Dehnmethode	Sätze je Übung	Dehndauer	Intensität
Dehnung der Brustmuskulatur (M.pectoralis major): Der Oberarm der zu dehnenden Seite wird im Schultergelenk abduziert und außenrotiert, sodass er sich auf Schulterhöhe befindet. Der Arm wird an eine Wand angelehnt. Anschließend dreht sich die Person entgegengesetzt der Kontraktionsrichtung des Brustmuskels (M.pectoralis major) von der Wand weg, bis die Dehnung in der Brust zu spüren ist.	Statisch-Passiv	2 je Seite (rechts und links)	35 Sekunden, keine Pause, nur Seitenwechsel	Möglichst hoch, kurz vor maximalem Dehnen
Bei der postisometrischen Dehnung wird in der Phase der Kontraktion mit dem Arm so gegen die Wand gedrückt, dass M.pectoralis major kontrahiert, dies wird 10 Sekunden lang gemacht, anschließend wird der Muskel 3 Sekunden entspannt um anschließend in die Dehnposition mit deutlich spürbarem Dehnreiz zu kommen, diese wird für 20 Sek. gehalten. Das Ganze wird wiederholt, wobei die Bewegungsamplitude der folgenden Dehnposition größer sein sollte.	Postisometrisch	1 je Seite (rechts und links)	10 Sek. Kontraktion, 3 Sek. Entspannung, 20 Sek. Dehnposition, 10 Sek. Kontraktion, 3 Sek. Entspannung, 20 Sek. Dehnposition	Maximale Bewegungsreichweite
Dehnung der Schulterblattfixatoren (M. trapezius, Mm. rhomboidei): Ausgangsposition ist ein hüftbreiter Stand, dabei werden die Arme auf Schulterhöhe nach vorne ausgestreckt und die Hände verschränkt, sowie das Kinn zur Brust geneigt. Die Dehnposition wird erreicht, indem die Schulterblätter aktiv auseinander- und von der Wirbelsäule weggezogen werden. Bei der Statischen Dehnung wird diese Position gehalten, bei der dynamischen Dehnung wird diese Position nach Erreichung etwas gelöst, indem die Schulterblätter wieder etwas zusammengeführt werden und der Kopf etwas angehoben wird, anschließend wird die Dehnposition sofort wieder eingenommen. Das ganze wird dann entsprechend der vorgegebenen Wiederholungszahl ausgeführt. Bei dieser Übung sollte beachtet werden, dass es nicht zu einer Elevation des Schultergürtels kommt.	Statisch-Aktiv Dynamisch-Aktiv Statisch-Aktiv	1 1 1	35 Sekunden 10 Sek. Pause 10 Wdh. 10 Sek. Pause 35 Sekunden	Möglichst hoch, kurz vor maximalem Dehnen (stat.) zwischen Dehngrenze und maximaler Bewegungsreichweite (dyn.)
Dehnung der Nackenmuskulatur (M. trapezius pars descendes): Aus der Ausgangsposition (hüftbreiter Stand, aufrechter Oberkörper) wird der Kopf zu einer Seite geneigt, der Blick bleibt dabei nach vorne gerichtet.	Statisch-Passiv	2 je Seite (rechts und links)	35 Sekunden, keine Pause, nur Seitenwechsel	Möglichst hoch, kurz vor maximalem Dehnen

Dehnübung, Zielmuskulatur & Durchführung	Dehnmethode	Sätze je Übung	Dehndauer	Intensität
Die Schulter auf der anderen Seite wird aktiv nach unten gezogen. Um die Dehnung zu verstärken wird die Hand der Seite, in die der Kopf geneigt ist, auf die Außenseite des Kopfes ungefähr in Höhe der Schläfe positioniert und übt dort leichten Druck aus, sodass eine intensive Dehnung spürbar wird.				
Dehnung der seitlichen Rumpfmuskulatur (M. latissimus dorsi, M. obliquus externus abdominis, M. obliquus internus abdominis): Aus der Ausgangsposition (Seitgrätschstand) werden die Arme vom Körper abgespreizt und über dem Kopf zusammengeführt, die Hand der nicht zu dehnenden Seite umgreift den anderen Arm in Höhe des Handgelenks. Der Oberkörper bleibt zunächst gerade und aufgerichtet. Die Dehnposition wird nun erreicht, indem der Oberkörper zur nicht zu dehnenden Seite geneigt wird, die Beckenachse bleibt dabei gerade. Die Dehnposition wird noch verstärkt, indem der umfasste Arm in der Dehnposition leicht nach oben gezogen wird.	Statisch-Aktiv	1 je Seite (rechts und links)	35 Sekunden, keine Pause zwischen Seitenwechsel	Möglichst hoch, kurz vor maximalem Dehnen
Dehnung der Kniestreckmuskulatur (M. quadriceps femoris): Im Stand wird das zu dehnende Bein gebeugt und gleichseitig mit dem Arm am Unterschenkel, knapp über dem Sprunggelenk, gefasst, sodass sich die Ferse auf Gesäßhöhe befindet. Die Ferse wird nun maximal zum Gesäß herangezogen und das Becken gekippt, damit die Dehnposition erreicht wird. Für die dynamische Dehnung wird in dieser Position das Becken immer wieder, entsprechend der vorgegebenen Wiederholungszahl aufgerichtet und gekippt. Es soll darauf geachtet werden, dass beide Oberschenkel stetig parallel zueinander sind, das Knie des gebeugten Beins vertikal zum Boden zeigt und das Standbein leicht gebeugt ist.	Dynamisch-Passiv	2 je Seite (rechts und links)	10 Wdh., keine Pause, nur Seitenwechsel	Zwischen Dehngrenze und maximaler Bewegungsreichweite
Dehnung der Wadenmuskulatur (M. gastrocnemius, M. soleus): Die Ausgangsposition ist der Stand. Das Bein der zu dehnenden Seite wird durch einen großen Schritt nach hinten gestellt, die Fußsohle befindet sich komplett am Boden. Das vordere Bein wird im Knie gebeugt und der Oberkörper soweit nach vorn gelehnt, dass der Oberkörper und das hintere gestreckte Bein eine Linie bilden. Die Dehnposition wird durch Vergrößerung der Dorsalextension des hinteren Beins eingenommen, indem das vordere Bein gebeugt ist und der Schwerpunkt des Körpers nach vorne und unten verlagert wird. Die Dehnposition wird an dieser Stelle für die vorgegebene Zeit der statischen Dehnung gehalten.	Statisch-Passiv	1 je Seite (rechts und links)	35 Sekunden, keine Pause zwischen Seitenwechsel	Möglichst hoch, kurz vor maximalem Dehnen

Dehnübung, Zielmuskulatur & Durchführung	Dehnmethode	Sätze je Übung	Dehndauer	Intensität
Es sollte darauf geachtet werden, dass die Zehenspitzen beider Füße nach vorn zeigen.				
Dehnung der Hüftbeugemuskulatur (M. iliopsoas): Für diese Übung wird ein Kniestand eingenommen. Das vordere Bein ist im Knie gebeugt und steht mit dem gesamten Fuß auf dem Boden, der Fuß steht vor dem Knie. Das hintere Bein wird mit dem gesamten Unterschenkel und dem Knie auf dem Boden abgelegt, der Oberkörper wird mit den Händen auf dem vorderen Oberschenkel abgestützt. Zur Erreichung der Dehnposition wird das Becken abgesenkt und zeitgleich der Körperschwerpunkt nach vorne und unten verlagert, dabei bleibt der Oberkörper die ganze Zeit gerade. Für die hier vorgegebene dynamische Dehnung wird der Oberkörper im Wechsel immer wieder, entsprechend der vorgegebenen Wiederholungsanzahl nach hinten oben angehoben und wieder nach vorne unten abgesenkt.	Dynamisch-Passiv	1 je Seite (rechts und links)	10 Wdh., keine Pause, nur Seitenwechsel	Zwischen Dehngrenze und maximaler Bewegungsreichweite
Dehnung der Kniebeugemuskulatur (M. biceps femoris, M. semimembranosus, M. semitendinosus): Die Ausgangsposition ist auf dem Boden in Rückenlage. Das eine Bein wird angewinkelt und mit dem Fuß auf dem Boden aufgestellt, das andere, zu dehnende Bein wird mit beiden Händen an der Oberschenkelrückseite gefasst und zum Oberkörper herangezogen. Zur Erreichung der Dehnposition wird das Bein gestreckt. Diese Dehnposition wird bei der Statischen Dehnung gehalten.	Statisch-Passiv	1 je Seite (rechts und links)	35 Sekunden, keine Pause nur Seitenwechsel	Möglichst hoch, kurz vor maximalem Dehnen
Bei der Postisometrischen Dehnung wird die Zielmuskulatur gezielt für 10 Sekunden angespannt, sodass das Bein gegen die fixierenden Hände drückt und andersherum. Anschließend wird die Position kurz gelockert (3 Sek.) um dann für 20 Sek. die Dehnposition zu halten. Das Ganze wird wiederholt, diesmal allerdings in einer größeren Bewegungsamplitude.	Postisometrisch	2 je Seite (rechts und links)	10 Sek. Kontraktion, 3 Sek. Entspannung, 20 Sek. Dehnposition, 10 Sek. Kontraktion, 3 Sek. Entspannung, 20 Sek. Dehnposition, keine Pause nur Seitenwechsel	Maximale Bewegungsreichweite
Dehnung der Gesäßmuskulatur (M. glutaeus maximus, M. glutaeus medius, M. glutaeus minimus): Ausgangsposition für die Dehnung der Gesäßmuskulatur ist die Rückenlage. Das nicht zu	Statisch-passiv	1 je Seite (rechts und links	35 Sekunden, keine Pause, nur Seitenwechsel	Möglichst hoch, kurz vor maximalem Dehnen

Dehnübung, Zielmuskulatur & Durchführung	Dehnmethode	Sätze je Übung	Dehndauer	Intensität
dehnende Bein wird im Kniegelenk gebeugt und auf dem Boden aufgestellt. Das andere Bein wird mit einer Außenrotation im Hüftgelenk mit dem Unterschenkel auf dem anderen Oberschenkel (Vorderseite) positioniert. Die Dehnposition wird erreicht, indem nach Greifen der Oberschenkelrückseite des aufgestellten Bein, dieses maximal zum Oberkörper herangezogen wird, der Unterschenkel des vorherigen Stützbeins wird hierbei locker hängen gelassen.				
Dehnung der Rückenstrecker (Mm. erector spinae): Die Ausgangsposition ist der Vierfüßlerstand, dabei befinden sich die Hände & Schultergelenke und Knie- & Hüftgelenke auf einer Linie, die Wirbelsäule ist ebenfalls in einer Linie. Durch Anspannung der Bauchmuskulatur und Wölbung der Wirbelsäule nach oben („Katzenbuckel") wird die Dehnposition eingenommen. Für die hier vorgegebene dynamische Dehnung wir die Bauchmuskulatur abwechseln angespannt und wieder etwas gelöst, sowie die Wirbelsäule nach oben gewölbt und dann wieder nach unten gestreckt.	Dynamisch-Aktiv	2	10 Wiederholungen, 10 Sek. Pause	Zwischen Dehngrenze und maximaler Bewegungsreichweite

3.2 Begründung des Trainingsplans

Die Übungsauswahl für das in Tabelle 3 dargestellte Dehntraining erfolgte unter Berücksichtigung der in Tabelle 1 dargestellten Trainingsmotive. Die Testperson nannte als erstes Trainingsmotiv die Erhaltung und Verbesserung der Beweglichkeit. Folgend stellte sich, wie in Tabelle 2 dargestellt, bei der Beweglichkeitstestung nach Janda (2000) heraus, dass die Person ein leichtes Bewegungsdefizit in der Brustmuskulatur und der Kniebeugemuskulatur hat. Um diese Defizite zu beseitigen wurde im Trainingsplan für die entsprechenden Übungen (Dehnung der Brustmuskulatur & Dehnung der Kniebeugemuskulatur) ein im Vergleich zu den anderen Übungen hohes Belastungsgefüge und die Dehnmethode „postisometrisches" Dehnen (Hohmann, Lames & Letzelter, 2002, S.100) gewählt, da es nach Wydra (1997) hinsichtlich der kurzfristigen Verbesserung der Bewegungsreichweite die besten Ergebnisse erzielt. Es wurden sowohl statische als auch dynamische und postisometrische Dehnmethoden gewählt um das Training abwechslungsreich zu gestalten. Aufgrund der bei der Testperson vorhandenen Verspannungen wurden Übungen für M. trapezius, Mm. rhomboidei & M. trapezius pars descendes in den Trainingsplan integriert, bei den restlichen Übungen wurde darauf geachtet, dass alle wichtigen Muskel-Gelenk-Systeme genutzt werden um eine insgesamt ausgeglichene Beweglichkeit zu schaffen. Bei der Erstellung des Trainingsplans musste keine Rücksicht auf gesundheitlichen Einschränkungen genommen werden, da die Person voll belastbar ist. Laut Freiwald (2000) empfiehlt sich für eine statische Dehnung eine Dauer von bis zu 45 Sekunden, da eine längere Dehndauer keinen größeren Effekt erzielen kann. Für das dynamische Dehnen empfiehlt Freiwald (2000) bis zu 15 Wiederholungen, laut Glück (2005) erfolgt allerdings bereits nach 10 Wiederholungen keine Steigerung der Verbesserung der Bewegungsreichweite mehr. In dem erstellten Trainingsplan wurde eine Dehndauer bei statischer Dehnung von 35 Sekunden und bei dynamischer Dehnung von 10 Wiederholungen gewählt um die Trainingseinheit für den Anfang nicht zu lang zu gestalten, diese kann mit der Zeit aber gesteigert werden. Die Dehnintensität wurde im gesamten Training sehr hoch gehalten, um einen möglichst großen Trainingseffekt zu erzielen. Bei statischen Dehnübungen soll die Dehnintensität möglichst hoch sein und nach Marshall (1999) kurz vor dem maximalen Dehnen liegen um die Dehndauer von 35 Sekunden halten zu können. Bei den aktiven Dehnübungen sollte die Intensität zwischen der Dehngrenze (gelöste Position) und der maximalen Bewegungsreichweite (intensivste Dehnposition) liegen (Schönthaler & Ohlendorf, 2002). Zur Serienanzahl und Dehndichte, bzw. Trainingshäufigkeit gibt es bisher keine wissenschaftlichen Erkenntnisse. Diese Parameter wurden so gewählt, dass sie in den zeitlichen Verfügungsrahmen der Person passen und die Dauer einer Trainingseinheit nicht zu lang ist. Der Übungsaufbau wurde so gewählt, dass die Übungen im Stand beginnen und im Liegen endet, außerdem wird mit der oberen Körperpartie begonnen und dann in die untere Partie gearbeitet um den Aufbau des Trainings sinnvoll, nachvollziehbar und einfach zu gestalten. (Albrecht & Meyer, 2010).

4   Teilaufgabe 4 - Trainingsplanung Koordinationstraining

Für die in Aufgabe 1 und Tabelle 1 beschriebene Person wurde ein Koordinationstraining im Sinne eines Gleichgewichtstrainings geplant. Das Training wird 4 Mal wöchentlich durchgeführt, an 2 Tagen in der Woche wird es ins Volleyballtraining der Person integriert, an den anderen 2 Tagen wird es gemeinsam mit dem Beweglichkeitstraining (Tabelle 3) durchgeführt.

4.1 Darstellung des Koordinationstrainingsplans

Tabelle 4: Koordinationstrainingsplan (eigene Darstellung)

Übung	Durchführung	Sätze pro Übung	Belastungsdauer & Satzpausen	Hilfsmittel
Einbeinstand/ Einbeinstand mit geschlossenen Augen	Aus dem hüftbreiten Stand wird ein Bein im Kniegelenk 90° gebeugt und auf Hüfthöhe angehoben. Diese Position wird für 30 Sek. gehalten, anschließend die Seite gewechselt. Der zweite Satz der jeweiligen Seite erfolgt mit geschlossenen Augen.	Insgesamt 2 pro Seite (rechts: 1 Augen geöffnet, 2. Augen geschlossen, links: 1 Augen geöffnet, 2. Augen geschlossen)	30 Sekunden, keine Satzpause, da immer ein Seitenwechsel erfolgt	keine
Einbeinstand auf dem Balance Pad + Ball fangen	Die Person nimmt einen hüftbreiten Stand auf dem Balance Pad ein. Aus der zuvor beschriebenen Position wird ein Bein im Kniegelenk 90° gebeugt und so angehoben, dass sich der Oberschenkel auf Hüfthöhe parallel zum Boden befindet. Diese Position wird für 30 Sek. gehalten, anschließend die Seite gewechselt. Im zweiten Satz der jeweiligen Seite wird von einem Partner ein Softball geworfen, der von der Person auf dem Balance Pad gefangen und zurück geworfen wird. Das ganze wieder für 30 Sekunden, anschließend das Ganze mit dem anderen Bein.	Insgesamt 2 pro Seite (1. Satz je Seite Einbeinstand, 2. Satz je Seite Einbeinstand+ Ball fangen)	30 Sekunden, keine Satzpause, da immer ein Seitenwechsel erfolgt	Balance Pad, Softball
Einbeiniges Beinschwingen	Es wird ein hüftbreiter Stand eingenommen, die Arme werden seitlich auf Schulterhöhe angehoben. Nun wird ein Bein etwas gebeugt, vom Boden gelöst und kontrolliert mit Schwung von vorne nach hinten bewegt. Nach 30 Sekunden wird das Bein gewechselt, der zweite Satz eines Beines wird mit geschlossenen Augen durchgeführt.	2 je Seite (jeweils einen Satz mit geöffneten und einen mit geschlossenen Augen rechts und links)	30 Sekunden, keine Satzpause, da immer ein Seitenwechsel erfolgt	keine
Standwaage	Ausgangsposition für diese Übung ist der hüftbreite Stand. Das Gewicht wird auf ein Bein verlagert, das andere Bein nach hinten und oben angehoben. Gleichzeitig wird der Oberkörper	3 pro Seite (2 auf festem Untergrund, jeweils 1 auf Balance Pad)	20 Sekunden Belastung, 10 Sekunden Pause nach jeder Durchführung pro Seite	Balance Pad

Übung	Durchführung	Sätze pro Übung	Belastungsdauer & Satzpausen	Hilfsmittel
	mit geradem Rücken nach vorne gelehnt, die Arme währenddessen nach vorne angehoben, sodass das angehobene Bein, der Rücken und die Arme eine Linie bilden. Die Position wird für 20 Sekunden gehalten. Anschließend wird die Seite gewechselt. Der 3. Durchgang auf jeder Seite erfolgt mit Stand auf dem Balance Pad.			
Partnerübung Einbeinstand	Zwei Personen stehen sich gegenüber in einem hüftbreiten Stand. Nun heben beide das rechte Bein auf Hüfthöhe an, im Kniegelenk ist ein 90° Winkel, die Unterschenkel der beiden Personen berühren sich. Nun versuchen sie sich gegenseitig 30 Sekunden lang durch Drücken oder Ziehen am Unterschenkel mit dem Unterschenkel aus dem Gleichgewicht zu bringen. Anschließend wird die Seite gewechselt, der zweite Durchgang erfolgt mit Stand auf dem Balance Pad.	2 je Seite (1. Auf dem Boden, 2. Auf dem Balance Pad.)	30 Sekunden, keine Satzpause da immer ein Seitenwechsel erfolgt	Balance Pad
Kniebeuge	Es wird ein ca. Schulterbreiter Stand auf einem Bosu Ball eingenommen. Nun senkt die Person durch Beuge im Knie- und Hüftgelenk das Gesäß bei geradem Rücken so weit wie möglich nach unten ab und kommt wieder nach oben. Ziel ist es in den 30 Sekunden so viele Kniebeugen wie möglich zu schaffen ohne das Gleichgewicht zu verlieren.	3 Sätze	30 Sekunden Belastung, 10 Sekunden Pause	Bosu Ball
Balancieren + Luftballon	Es wird ein 10 m langes Seil auf dem Boden positioniert. Auf diesem Seil muss die Person hin und her balancieren. Im zweiten Durchgang wird während des Balancierens ein Luftballon mit der Hand hochgehalten.	2	30 Sekunden Belastung, 10 Sekunden Pause	Seil, Luftballon
Einbeinige Sprünge	Die Person startet im hüftbreiten Stand. Bei Ertönen eines akustischen Signals durch einen Pfiff drückt sich die Person mit	2 (1. Ohne Pads, 2. Mit Pads)	30 Sekunden Belastung, 10 Sekunden Pause	5 Balance Pads, Pfeife

Übung	Durchführung	Sätze pro Übung	Belastungsdauer & Satzpausen	Hilfsmittel
	einem Bein vom Boden ab und springt mit einem Bein so hoch und weit wie möglich nach vorne, landet dort auf dem anderen Bein. Beim nächsten Pfiff springt sie mit dem Bein ab, auf dem sie zuvor gelandet ist. Im zweiten Durchgang werden 5 Balance Pads auf den Boden gelegt, nun erfolgen die Sprünge wieder einbeinig, diesmal aber von Balance Pad zu Balance Pad.			
Liegestütz auf Gymnastikball	Die Beine werden mit den Unterschenkeln auf einem Gymnastikball abgelegt, die Hände sind Schulterbreit auseinander auf dem Boden und befinden sich so weit vom Gymnastikball weg, dass der Körper gestreckt und der Rücken gerade ist. Das Ellenbogengelenk wird gebeugt und der Oberkörper in einer Linie zum Boden abgesenkt, anschließend wieder nach oben gedrückt.	2 Sätze	30 Sekunden Belastung, 10 Sekunden Pause	Gymnastikball
Vierfüßlerstand + Pilatesball	Die Person begibt sich im Vierfüßlerstand auf eine Gymnastikmatte, die Hände befinden sich unterhalb der Schultern auf der Matte, die Knie auf Höhe der Hüfte. Nun wird diagonal Arm und Bein gestreckt und angehoben. Das wird für 30 Sekunden gehalten, anschließend die Seite gewechselt. Im 2. Durchgang werden die Hand und das Knie, das sich noch am Boden befindet auf Pilatesbälle gestützt. Es muss darauf geachtet werden, dass das Becken gerade bleibt und der Bauch angespannt ist, sodass die LWS keine Hyperlordose bildet.	2 Sätze je Seite (1. Auf dem Boden, 2. Mit Pilatesbällen)	30 Sekunden Belastung, 10 Sekunden Pause	Gymnastikmatte, 2 Pilatesbälle

4.2 Begründung des Koordinationstrainingsplans

Der in Tabelle 4 dargestellte Koordinationstrainingsplan beansprucht ca. 20 Minuten, diese Zeit passt ideal in den in Tabelle 1 angegebenen zeitlichen Verfügungsrahmen der Testperson, da der in Tabelle 3 dargestellte Dehntrainingsplan ca. 25 Minuten beansprucht. Der Plan wird nach Albrecht & Meyer (2010) 4 Mal wöchentlich durchgeführt, damit eine gewisse Regelmäßigkeit eingehalten wird, um Erfolge zu erzielen. Das vorgeschriebene Belastungsgefüge kann und soll nach subjektivem Belastungsempfinden und hinsichtlich der Trainingsziele angepasst werden. Die Person hat als Trainingsmotiv die Verbesserung der Koordination hinsichtlich der aktuellen sportlichen Aktivität genannt, bei den Übungen Balancieren + Luftballon hochhalten und den einbeinigen Sprüngen auf Signal wurden die im Volleyball gegebenen Druckbedingungen Präzisionsdruck, Belastungsdruck und Zeitdruck (Neumaier & Machling, 1994) integriert. Insgesamt wurde der Plan unter Berücksichtigung der methodisch-didaktischen Prinzipien gestaltet: Es wird immer mit einer einfachen Variante begonnen und diese dann durch veränderten Umweltbedingungen (siehe Tabelle 4: „Standwaage" im 3. Satz), Variationen hinsichtlich der Informationsaufnahme (siehe Tabelle 4: bspw. „Einbeinstand / Einbeinstand mit geschlossenen Augen") oder Zusatzaufgaben wie bspw. das Luftballon Hochhalten beim Balancieren (Tab.4) komplexer gestaltet. Als übergreifendes Ziel gilt es durch das Koordinations- bzw. Gleichgewichtstraining grundsätzlich mehr die funktionellen Bewegungsabläufe als isolierte Muskelgruppen zu trainieren (Bompa & Carrera, 2005, Richards & Dawson, 2009, Verstegen & Williams, 2004).

5 Teilaufgabe 5 – Literaturrecherche

Es wurde eine Literaturrecherche zum Thema Effekte des Dehnens im Hinblick auf eine Verbesserung der sportlichen Leistungsfähigkeit durchgeführt. Dabei wurden die zwei Studien von Grätz (2010) und Wiemann & Klee (1993)untersucht, sie werden im Folgenden vorgestellt.

5.1 Effekte des Dehnens im Hinblick auf eine Verbesserung der sportlichen Leistungsfähigkeit – Studie 1

Tabelle 5: Darstellung der Studie "Die Auswirkungen von statischem und dynamischen Dehnen auf die "Sprunghöhe", die "10-Yards-Zeit" und die "40-Yards-Zeit". (modifiziert nach Grätz, M., 2010)

Wer hat die Studie durchgeführt?	Michael Grätz
In welchem Jahr wurde die Studie publiziert?	2010
Welche Forschungsfrage wurde untersucht?	Wird die sportliche Leistung durch unterschiedliche Aufwärmprogramme positiv oder negativ beeinflusst?
Mit welchen Versuchspersonen wurde die Studie durchgeführt?	20 männliche American Football Spieler
Wie sah der Versuchsaufbau der Studie aus?	Die Versuchspersonen wurden mittels des Cross-Over Prinzips in zwei Testgruppen eingeteilt. Keine der Testpersonen durfte die unteren Extremitäten 24 Stunden vor der Testung durch körperliche Anstrengung belasten. Im Vortest wurden die Sprunghöhe mit Hilfe einer Kraftmessplatte und die Sprintzeiten der 10-Yard und der 40-Yard Entfernung durch Lichtschranken gemessen. Nach einem 10 minütigen Jog-Warm-Up führte die erste Gruppe ein statisches Dehnprogramm, die 2. Gruppe ein dynamisches Dehnprogramm durch. Anschließend wurden wieder Sprunghöhe, 10-Yard-Sprint und 40-Yard-Sprint gemessen.
Welche relevanten Ergebnisse und Schlussfolgerungen liefert die Studie?	Bei der Gruppe des dynamischen Dehnens ließ sich hinsichtlich der Sprunghöhe eine durchschnittliche Steigerung von 2,2cm (5,5%) feststellen. Bei den Sprintzeiten ließ sich nur ein minimaler Unterschied nach dem dynamischen Dehnen feststellen (-0,03s). Es wurde geschlussfolgert, dass es sich empfiehlt vor explosiven und schnellkräftigen Belastungen ein dynamisches Dehnprogramm durchzuführen.

5.2 Effekte des Dehnens im Hinblick auf eine Verbesserung der sportlichen Leistungsfähigkeit – Studie 2

Tabelle 6: Darstellung der Studie "Muskeldehnung zur Leistungsverbesserung im Sprint" (modifiziert nach Wiemann & Klee, 1993)

Wer hat die Studie durchgeführt?	Klaus Wiemann & Andreas Klee
In welchem Jahr wurde die Studie publiziert?	1993
Welche Forschungsfrage wurde untersucht?	Wird die Sprintleistung durch Durchführung eines Dehntrainings, unmittelbar vor dem Sprint, der leistungsbestimmenden Muskeln beeinflusst?
Mit welchen Versuchspersonen wurde die Studie durchgeführt?	32 männliche Studierende des Faches Sport der Bergischen Universität Wuppertal
Wie sah der Versuchsaufbau der Studie aus?	1.Auswahl der zu dehnenden Muskeln und Dehnübungen: Es wurden M. iliopsoas, Mm. ischiocrurales und M. rectus femoris nach der Antagonisten-Kontraktions-Methode gedehnt, dabei wurden auch Partnerübungen genutzt. 2. Vortest: Nach einem 15 minütigen Aufwärmprogramm ohne Dehnübungen wurden zwei Kurzsprints im Abstand von 5 Minuten durchgeführt. Sie wurden in einer Halle und aus aufrechter Startposition absolviert. Dabei wurde die Zeit bei 5m und 40m durch eine Infrarot-Doppellichtschranke gemessen, die Auslaufzone war 15m lang. 3. Anschließend wurden in drei Gruppen (DB, DS & L) verschiedene Aufwärmprogramme absolviert. Gruppe DB absolvierte ein 15 minütiges Dehnprogramm für die Hüftbeugemuskulatur durch, Gruppe DS ein 15 minütiges Dehnprogramm für die Hüftstreckmuskulatur und Gruppe L ein 15 minütiges leichtes Dauerlaufen. 4. Direkt nach dem Aufwärmprogramm wurden zwei Kurzsprints zu gleichen Bedingungen wie beim Vortest durchgeführt.
Welche relevanten Ergebnisse und Schlussfolgerungen liefert die Studie?	Es ließen sich bei beiden Gruppen, die ein Dehntraining zum Aufwärmen durchführten (Gruppe DB & Gruppe DS) im Nachtest verglichen mit dem Vortest eine erhöhte Sprintzeit (+0,14s) feststellen. Das heißt, die Sprintgeschwindigkeit wurde durch das Dehnprogramm verringert. Bei der Kontrollgruppe L ließen sich keine signifikanten Unterschiede feststellen.

6   Literaturverzeichnis

Albrecht, K., & Meyer, S. (2010). *Stretching und Beweglichkeit Das neue Expertenhandbuch* (2. Aufl.) Stuttgart: Haug

Bompa, T.O. & Carrera, M.C. (2005). *Periodization training for sports. Science-based strength and condition plans for 20 sports* (2. Aufl.). Champaign, IL: Human Kinetics

Freiwald, J. (2000). Dehnen im Sport und in der Therapie. *Die Säule, 4* (1), 28-33

Glück, S. (2005). *Beeinflussung der Beweglichkeit durch unterschiedliche physische und psychische Einwirkungen.* Dissertation. Universität des Saarlandes, Saarbrücken.

Grätz, M. (2010). *Die Auswirkungen von statischem und dynamischem Dehnen auf die "Sprunghöhe", die "10-Yards-Zeit" und die "40-Yards-Zeit".* Magisterarbeit. Universität Wien, Wien.

Hohmann, A., Lames, M. & Letzelter, M. (2002). *Einführung in die Trainingswissenschaft* (Limpert Sportwissenschaft, 2. Aufl.). Wiebelsheim: Limpert.

Janda, V. (2000). *Manuelle Muskelfunktionsdiagnostik* (4.Aufl.). München: Urban & Fischer.

Marshall, F. (1999). Wie beeinflussen unterschiedliche Dehnintensitäten kurzfristig die Veränderung der Bewegungsreichweite? *Deutsche Zeitschrift für Sportmedizin, 50* (1), 5-9

Neumaier, A. & Mechling, H. (1994). Taugt das Konzept „koordinativer Fähigkeiten" als Grundlage für sportspezifisches Koordinationstraining? In P. Blaser, K. Witte & C. Stucke (Hrsg.), *Steuer- und Regelvorgänge der menschlichen Motorik* (S.93-105). Sankt Augustin: Academia.

Richards, J.A. & Dawson, T.A. (2009). *Optimizing exercise outcomes: the efficiacy of resistance training using conventional vs. Novel movement arcs.* Journal of Strenght and Conditioning Research, 23 (7), 2015-2024.

Schönthaler, S.R. & Ohlendorf, K. (2002). *Biomechanische und neurophysiologische Veränderungen nach ein- und mehrfach seriellem passiv-statischem*

Beweglichkeitstraining (Wissenschaftliche Berichte und Materialien /
Bundesinstitut für Sportwissenschaft, 1. Aufl.) Köln: Sport und Buch Strauß

Verstegen, M. & Williams, P. (2004). *Core performance. The revolutionary workout
program to transfer your body and your life.* Pennsylvania: Rodale Press.

Wiemann, K., Klee, A. (1993). *Muskeldehnung zur Leistungsverbesserung im Sprint.*
Köln: Selbstverlag. S. 445

Wydra, G. (1997). Stretching – ein Überblick über den aktuellen Stand der Forschung.
Sportwissenschaft, 27, 409-427.

7 Tabellenverzeichnis

Tabelle 1: Allgemeine und biometrische Daten der Person (eigene Darstellung) 3

Tabelle 2: manuelle Beweglichkeitstestung (modifiziert nach Janda, 2000, S.207f.) & Testergebnisse 4

Tabelle 3: Beweglichkeitstraining Trainingsplanung (eigene Darstellung) 7

Tabelle 4: Koordinationstrainingsplan (eigene Darstellung) 12

Tabelle 5: Darstellung der Studie "Die Auswirkungen von statischem und dynamischen Dehnen auf die "Sprunghöhe", die "10-Yards-Zeit" und die "40-Yards-Zeit". (modifiziert nach Grätz, M., 2010) 16

Tabelle 6: Darstellung der Studie "Muskeldehnung zur Leistungsverbesserung im Sprint" (modifiziert nach Wiemann & Klee, 1993) 17